시를 그리는 사람

시를 그리는 사람

채린의 시

 글샘

시를 그리는 사람

초판 1쇄 발행 2015년 12월 30일
지은이 채린
펴낸이 황성연
펴낸곳 글샘 출판사
마케팅 이숙희 · 채중택
관리부 이은성 · 한승복
북디자인 최수정

주소 서울시 중랑구 망우로 192 성신빌딩 지하1층
등록번호 제8-0856호.

총판 하늘물류센타 전화 | 031-947-7777 팩스 | 0505-365-0691

ISBN 978-89-91358-47-8

차례

수묵화

정물화

인물화

삽
화

채린 시인의 제 3권 시집
'시를 그리는 사람' 펴냄을 축하 하며

　사노라면 대인 관계가 절로 이루어질 경우가 있다. 뜻이 맞아 자주 만나는 사람도 있고, 가끔 생각이 나면 차 한 잔 하자고 연락을 할 때도 있다. 그는 후자에 속하지만, 잊을 만하면 연락을 하고, 식사를 나누고 그간 밀린 대화를 나누는 내 말벗이기도 하다.

　그는 생활력이 누구보다도 강한 듯싶다. 늘 직장을 병행하면서 학문을 연마하고, 시 창작에 몰두하는 은근과 끈기가 몸에 배어있는 지어미이기도 하다.

　그가 이미 펴낸 두 권의 시집에는 그가 세상을 바라 보는 긍정적인 세계관이 잘 나타나 있고, 그의 소박한 목소리가 숨어있다. 부정적인 세계관을 지닌 시인은 어둡고 절망적인 인식을 노래할 수밖에 없다.

　채린 시인의 세 번째 시집에는 그의 생활관과 여유롭게 자연을 대하는 철학을 엿볼 수 있으며, 과장과 위선이 없는 그의 순수시 기법을 읽을 수 있다.

　그는 타고난 숙명적 시인이다. 그러기에 그가 끊임없이 시작에 더욱 정진할 것을 굳게 믿으며, 제 3권 시집 『시를 그리는 사람』 상재의 기쁨을 함께 나눈다.

최강용 시인. 소설가

"시를 그리는 사람" 붓을 들면서

세상이 참으로 많이 변하고 있습니다
내일이 오늘이고
언제나
보이는 것은 오늘일 뿐
오늘의 낱알들이 모여서
순환의 시간 속에 역사는 이어왔을 것입니다
지금의 우리
이 자리에 서서 바라봅니다
언제나 중심이 되는 삶의 세대
누구나 작가가 되고
누구나 독자가 되고
누구나 평론가가 되고
이러한 둘레 속에
잠시 바쁜 일상을 접어 두고
펜 하나 들고
틈틈이 "시를 그리는 사람"이 되었으면 하는 바람입니다
눈에 보이는 대로
손이 가는 대로
그려보시지 않으실래요
저처럼

어느 봄날

시간 여행을 떠난다
전생의 기억 속으로
몽촌에 움막집을 짓고
호미로 땅을 일구고
잡은 물고기 불 위에 구우며 행복해 한다
장끼이 까투리 부르고
까치가 하얀 손수건 흔들며 마중하는 봄날
보리이삭들이 갓 피어나고
노오란 유채에 파묻혀 웃고 있는 나
고장 난 시간 속에 오래도록 서 있다
무지개다리 저 건너
일상이 부르는 것도 듣지 못한 채

위 그림(시)은 봄날 몽촌 올림픽공원을 산책하면서 그렸습니다
머리로 눈으로 광경을 한번 그려보세요
시간을 돌려서 구석기 시대로 여행을 떠나 보세요

시화호 갈대 습지에서

몸살을 앓느라 쉴 새 없이 신열이 나며 끙끙거리는 시화호
한의원은 단방으로 갈대라는 푸른 이삭을 내놓았다
보잘것없던 갈대는 지킴이라는 새 이름이 생겼다
한 포기 한 포기 모내기하듯 심어졌을 때
무척이나 우쭐거렸다
그 명예는 오래지 않아 오염된 물에 중독되고
허리는 아픔을 이기지 못해
구부러지고 꺾이고 외로운 투쟁은 계속되고
가을이 오고 또 가을이 오고
아픔을 삭이며 더러운 부유물을 흡수했다
뿌리는 시린 것을 이겨내며 자꾸 늘어나고
새 처방은 명약이 되어 푸른 살이 돋아나 넘칠 거린다
갈대꽃이 피고 흰 머리카락이 늘어나고
개똥지빠귀와 호랑지빠귀가 번갈아 놀러 오고
파랑새가 노래하고 덤불해오라비가
고기 잡는 묘기를 펼친다
사람들이 사진을 찍자고 팔을 당기고

이름 있는 모델이 되어 주가를 높인다
"네놈은 어디서 왔노"
"시베리아에서 어제 날아왔습니다"
대뜸 반말하는 갈대와 시월 느지막이
원두막에 앉아 술잔을 부닥친다
취기가 오른 갈대가 자랑이라도 하려는 듯
보물들을 마구 꺼내놓는다
파랑새, 덤불 해오라비,
갹도새, 호랑지빠귀, 개똥지빠귀꼬까 참새, 흰뺨검둥오리,
붉은 머리 오목눈이어느새 그들은 눈부신 합창단이 되어
갈대 세레나데를 부른다
까라라라 까라라라

위 그림(시)은 가을날 시화호 근처
갈대습지에 산책하면서 그렸습니다
이번에 시화로 그려보세요
새와 대화도 나누고 갈대와 속삭여 보세요

송편

하얀 꽃, 꼬투리에 콩이 숨는다
쑥 더미에 참깨가 숨는다
백년초에 밤이 떼구르르 엉덩방아 찧는다
둥근 달
반달
진주 품은 조개
꿈을 먹은 우리가 솔잎 위에 앉는 추석 전야
오색구름 따라 달 타령이 울려 퍼진다

위 그림(시)은 추석전야에 송편을 빚으면서 그렸습니다
하얀 반죽에 콩을 넣고 백년초 물을 들인 것은 밤을
쑥을 넣은 반죽은 참깨를 둥근달, 반달, 조개모양
오순도순 빚다보면 정다운 그림이 그려지겠지요

감자에 싹이 나서

포슬포슬한 감자
며칠을 지하실 독방에 가두었더니
악마로 변해 발톱을 드러냈다
악마의 발톱을 하고
하얗게 엉기었다
혹자는
꽃보다 더 아름답다고 했다
칼라하리보다 더 옥죄며
건사하게 영역을 넓히며
새로운 것을 창출하고 있었다
감자의 육질이여
솔라닌이여
모두 물러서거라
굳건한 악마의 발톱으로
관절을 평정하리라
허세를 부린다
거짓을 외치며 지하방에
한줄기 빛을 발하고 있다

거짓이 참보다 더 참 같다는
뇌수의 말에 동공이 커진다

위 그림(시)은 누구나 경험 했을 것입니다
사다 둔 감자가 싹이 나서 당황했던 기억 하얗게 얽힌
감자를 그려보았습니다

*악마의 발톱 – 관절에 좋은 식물

풍속화

7080 철이와 미애

그 옛날의 짝꿍
철이와 미애가 만났다
나무책상 한가운데 칼로 쭉 그어서
넘어오면 안 된다고 일침을 놓던 우리
동에서 번쩍
서에서 번쩍
각각의 생활을 두레박으로 끌어올렸다
시간은 끄떡거리며 초침을 재고
눈을 흘기며 달라붙었다
회한의 뒤안길 곡차 한 잔 놓고
마주 앉고 마주보고
허허허
긴장의 시간 날려 보내며 평안의 시간 맞이한다
잘 지내왔노라고
낡은 육신 핏줄을 돋우며
화해의 술잔을 든다

早朝 割引 (조조 할인)

조조의 성품이 유해졌다기에
베일로 얼굴을 가리고 알현을 청했다
천하를 얻기 위한 땅따먹기
엎치락뒤치락하던 조조(曹操)
낱알을 세고 시간을 넘어
이순의 경지를 알았는지
새벽을 활짝 열어젖히고
손수 대 할인 하고 있다
적벽대전의 아픔을 이기고 위 왕이 되었듯
인터넷매체를 누르며
커다랗게 쓴 'combo'라는 먹거리 광고 아래
떡 버티고 앉아 침체기의 영화관을 평정한다
팥죽이 쉬어 터져 팔 수 없자
초를 가미한 팥죽이란 명목의 초 팥죽
대동강 물을 팔아먹었다는
선달님을 빼다 박았다
간(奸)웅이 아니라 영(營)웅이다
철없이 수풀 속에서 찾은
곤 뜸북새 알을 더 비싸게 팔았던
어미가 된 후 아픔으로 온 자화상이다

섬과 민들레

중국의 하이남에 간을 빼 널어놓고 잊어버리고 온 그 남자와,

베트남의 푸퀵치과에 이빨을 빼 주고 온 그 남자와,

필리핀의 보홀에 지갑을 두고 온 그 여자와,

캄보디아의 핀투에 혼을 빼놓고 쭈글한 몰상으로 온 그 남자

도꼬마리에 붙어 온 민들레 씨앗들이

우리 연안 바다에 뿌리를 내리고 간척을 한다

간이섬 들이 태어난다.

여기 저기 걸음마를 하고 이제는 뭍으로 뭍으로 올라와

성큼성큼 화려한 불빛을 받으며 우화(羽化)를 한다

여의도처럼

내 젊은 날의 몽환처럼

오늘도 수탉은 울지 않았다

너와 나의 가슴 사이는 좁혀지지 않는
한그루 살아있는 신기루다.
밤마다 만 리를 손톱에 물들이며 성을 쌓고도
아직도 더 못 쌓은 오리를 쌓느라 허파에 바람 넣고
한 점 벽돌로 서 있다.
성 쌓을 일꾼은 보이지 않고
까마귀만이 은하수를 건너고 있다.
밤 맞도록 즈믄 하늘 향해 세우다 멈춘 성 언저리에서
머리털로 붓을 삼아 쓰고 또 쓴다
새벽녘 횟대 위 울어 재낄 수탉은 멀뚱히 눈만 뜨고
아는 채 모르는 채 코만 드르릉 거린다
한 조각구름에 사유(思惟)를 적어
금 밭에 뿌린다

아라 뱃길

순풍이여 닻올려라 팔백년 숙원이었다
한강과 서해바다 수경팔경 따라서
사람도 흘러가고 배도 미끄러져 간다
순풍이여 돛 올려라 땅이여 심호흡하라
내륙의 도시에서 운하의 도시로
맛과 얼 어우러지고 서정이 숨 쉬는 곳
열두 개 잇는 교량 저탄소 녹색혁명이여
천년의 뱃길이여 아름다운 미래여
시간적 무용창출 무한의 가치 자연과 하나
옛사람 발길 머물다 아라 마루 전망대
바닷길 활짝 열렸다 경인 아라 뱃길 뚫었다

時와 時

장미꽃 봉오리가 활짝 웃는다
재스민 꽃잎이 하얗게 현기증을 일으킨다
내 얼굴이 회회탈로 바뀐다
해마다 쌓이는 삼백 예순 다섯 날, 날들

눈길 걷다 보면 꽃길 열릴 거야

세밑 추위가 강도를 높인다
한 단계 두 단계
경보를 발행한다
내 뇌가
한 겹 또 한 겹옷을 챙긴다
화단에 눈을 맞고 눈꽃으로 피어난 침엽수
더
아름답고 따스한 봄을 위한 전주곡을 울린다

밸런타인데이에 하는 나의 고백

겉포장 요란한
상혼의 길을 가로막고
노란 마음속
자라고 있는
맑은 눈물 담은 그리움 하나
똑 따내 정성껏 분홍빛 포장을 한다
아침나절 서둘러 와
실뱀을 웃게 한 남녘에서 온 봄바람에게
귓속말로 넌지시 부탁을 한다
사랑하는 그 사람의 호주머니에
살짝 꽂아두도록
가슴 꽃처럼

새날

새 공기 한 그릇 쭉 들이킨다
폐부가 팽창한다
빛보다 빠른 나의 뇌들은
벌써 지구를 일곱 바퀴 돌고 우주로 향한다
하잘 것 없는 민들레도 시멘트 자락에 뿌리를 내리고
여왕 같은 참나리도 거친 바닷가를 밝히고
나와 나
아름다운 인연의 다리가 놓인
봄의 언덕에 선다

이방인

희끗한 날
마음도 바람 따라 길 떠날 채비를 한다
참으로 편안함으로 미소를 지어보며
한 바퀴 삥 앉았던 곳을 돌아본다
앉았던 자리
혹여 이름 모를 꽃이라도 상하게 하지나 않았는지
풀벌레라도 깔아뭉개지는 않았는지
이제 떠날 시간을 알아서 떠나는
미련하지 않는 마음 이였으면 좋겠다
먼 훗날
다시 이 자리에 와서 내 두고 간 추억을 꺼내보고 싶다
작디작은 앉은뱅이 꽃 덤불 밑에서

아날로그와 디지털의 교전

저 푸른 강 너머 진달래 동산에서 다리에 끈 질끈 매고
어깨동무하고 허우적거리던 환영이 다가온다
과거는 현재를 껴안고 씨름을 한다
둘은 하나가 되어 저벅저벅 이인삼각의 놀이가 시작된다
소나기가 와도 뛰지 않는 천천히 미학이
으흠 큰 기침을 하는 사이
디지털은 약삭빠르게 삽빠를 걸머진다
한 치도 양보할 수 없는 등불 앞 고요만이 등잔 밑을 지킨다
아아
아날로그와 디지털의 두 다리를 움켜잡고
꼴깍거리는 내 목젖은 할딱거리며 누구를 응원할지 망설인다
교전은 오래 가고 치열하다
싸움은 말리고 흥정은 붙이라는 대명에
난 틈바구니에서 사생결단을 한다
죽을 각오로 아날로그를 붙잡고 하소연도 하고
디지털을 잡고 소근 거리며 아양도 떨어본다
디지털은 미학을 밀어내고
혈투 끝에 천하장사에 등극한다
용상 위로

어느 쥐들의 소꿉놀이

연천은
풀 뽑아 집짓고
나는
돌 빻아 집 지었어요
연천은 사슴을 타고
나는 자전거를 탔지요
연천는 내일을 도화지에 그리고
나는 어제를 풀잎에 적었어요
시골 쥐와 서울 쥐가
하루 종일 시간을 조물딱거렸어요
지구라는 푸른 공속에서

*연천 – 동두천에 지명이름

폐차장

순서대로 오지 않는 곳이
어디 무덤 뿐이겠는가
엊그제 뽑았다고 한잔 샀는데
벌써 일장춘몽 이마에 주름살

어제 병원에서 새로 넣은 발
일주일 전에 갈아 끼운 인공 심장
한 달 전에 수술한 허리
뇌사한 자동차에 무용지물

우지직
단 한 번의 울음소리
폐차장 마당에 납작 엎드리는 가시나무새

복음이 씨앗(복음 시)

복음의 씨앗 싹 트도다
동에서 서로
남에서 북으로
중랑천의 흐린 물 맑은 물로 바꾸도다
공중에 새 한 마리 지바퀴 까지
복음이 씨앗 쫓아먹으며
봄꽃처럼 붉게 살찌어라
어린아이 수정 같은 동자에도
어른의 수척한 눈 속에도
수증기처럼 복음의 씨앗 스며들 거라
돌쩌귀 밭에도
가시덤불 속에도
강대나무 떨기 꽃 피어올라라
점점 크게
점점 붉게

장로 안수 식을 보면서

안타까웠던 지난 시간들
그래 조금은 위로를 갖자
꽉 막힌 공간에서 스멀스멀 자유의 흐름을 본다
하늘을 향한 갈급한 마음은 드디어 횃불을 일이키고
혼 불을 불러내
새벽수탉의 소리를 낸다
멀리 퍼지는 청아한 소리
때 구정물을 벗겨내며
시냇물에 잠잠히 침잠을 한다
아
향긋한 내음이 머리를 뚫고
하늘을 나르며 고공행진을 한다
빨간 노을이 가시나무 떨기를 태울 때까지

영옥의 세월

영의세월인가
맑은 웃음으로
세상을 환하게 비추었다
등대보다 더 타오르게
한 점 부끄럼 없을 것 같은 세상의 빛
기름진 땅 위에서
갈라진 도시의 시멘트 위에서
지칠 줄 모르고 쏘아대는 혈투
과녁은 빗나가고
정맥은 이상기류를 탄다
부풀려지고 쭈글해진 넋
끝내는 무너진 아성
이듬해 나 꿀 꿈을 예비하며
툭툭 비늘까지 다 버리고
황토 길
새하얗게
수놓으며
홀로 홀로
길 떠날 채비 서두르는 욕

소금강 오가는 버스 안

오래전 못 다한 춘정에 이끌려 다시 찾은 소금강
을씨년스러운 민박집들 내팽개친 문짝들
그 가운데로 잔설이 녹아 흐르는 줄기 따라 간 비룡폭포
고요의 묵상
맑음에 눈을 헹궈내
푸른 솔가지에 걸어본다
버들개지가 눈을 뜨고 참나무가 기지개 켜고
노란 복수초가 인사를 한다
뜀박질 끝에 겨우 탄 초록빛 버스
굽이굽이 돌면서
자주색 할미꽃을 담는다
잿빛의 은은한 할미꽃도 오종종 피어난다
한 칸 한 칸 물러 선 좌석
나는 어느새 서 있는 젊은 새색시로 변신한다
카멜레온이 된다

입가에 웃음이 번지고
버스 안은 어울림 화음을 내는
온갖 소리를 다 쓸어 담으며 경쾌하게 달린다
어디로 나들이하시는 것일까
부시시한 머리 보글보글하게 하고 자랑할 할머니의 얼굴
이 보이고
온천 가서 묵은 때 벗겨내고
해맑은 얼굴로 돌아올 얼굴 그려보는 화가 할머니
모두 모두
건강하게 어우러지는 삶이 이어지길
강릉의 솔 향이 더욱 더 밀리라

독사와 솜사탕

언제나 공존하는 어울리지 않는
안어울림화음처럼 없어지지 않은 천연의 요새

사랑이란 이름아래 만난 우리
입술은 언제나 두개의 마술사인 냥
하나는 독사의 이빨처럼 독설이 흘러나오고
또 다른 하나는 솜사탕처럼 달콤함이 천지를 뒤덮는다

사랑이란 이 천지에 가장 아름다운 것
공집합으로 묶음 되는 것

화려한 솜사탕 뒤에 숨은 실망
한껏 하지 않았던가

다정하게 걷자
새로운 세계가 부를 때까지

수묵화

나의 봄

봄 처녀를 기다리는 신랑은 기차가 되고
노란 산수유는 눈 맞춤 하느라 도리방도리방 거리는데
'나물 캐러 가던 소녀 하나가 나비에게 반해서'
구시렁거리는 노래가 겨울 잠바를 벗기는데
채 한 평도 못 가진 나는
알토란 같이 자꾸만 껍데기를 밀치며 토심만 키운다
여기도 불쑥
저기도 불쑥
끓는 죽 모양 풀썩거리는 봄
나의 봄이 뒤늦게 헐레벌떡 다가와서 말을 건넨다
두엄을 넣고 토닥토닥 詩를 뿌려 놓았느냐고
詩 종자를 쪼개 준비했느냐고
봄꽃을 틔울 물을 준비했느냐고
대꾸할 새도 없이 분탕 거린다
누런 검불 사이로 뾰족 내미는 새싹이 영문(英文)을 몰라
접었다 폈다 한참을 읽는다
꿀벌은 겹눈과 더듬이로 봄의 거리를 제압하고
나는 영일만수 한 바가지로 풍토병 없는 나의 봄을 완성한다

지방선거 유세보다 화끈하게 호들갑을 떨다

언제 가는지도 모르게 꽁무니 칠

투표 후미의 모습 같은

얄미운 봄봄봄

소나무의 이야기

가슴이 답답해 오면
초지진 소나무를 찾는다
어깨에 자랑스러운 훈장을 단.
귀퉁이를 몰아오는 바람 틈에 앉아서
잘 안 들리는 안테나를 맞춘다
시절을 맞추어 찾아주니 고맙네
열어젖힌 가슴에 포탄 맞은 뻥뚫린 모습을 보여 준다
그 아픔의 회오리는
망막의 시각을 찾아 어느덧 군사들의 치열한 공방전을 비
춘다
러시아의 부동항 얻기 남아정책이 시작되고
저지하느라 프랑스를 불러들이고
우호적으로 선교를 하고
선교사들에게 군사적 지원을 거절당하면서
사건이 일어났지

....

중략

아픔을 삭이면서도
역사의 산증인임을 자랑스레 여기며
찾아오는 사람들에게 회자됨에
정오의 철학은 또랑또랑 깊어간다
여름햇살에 된장 익듯 맛나게 이야기가 익는다

신 살으리랐다

아직 채 여물지 않은 달은
자꾸만 밝음을 더하며
황산에 물빛을 들인다
심어놓은 목책 따라
그대와 나의 시간은 엮이고
사랑이 너울진다
멀리 비추는 가로등만이 호객을 하며 밤을 재촉하누나
골골이 패인 개펄은 숨 쉬는 생물들의 잔치를
더디게 하고 하느작인다
여기저기 안전망을 지으며
쑥국새들의 소곤거림이
여름밤을 더 달군다
땅거미가 야금야금 토지를 집어삼키고
밝게 우려내는 그 달빛에 멱을 감으며
황산에 살으리랐다

무(無)

눈이 있으나 보지 못하네
입이 있으나 하지 못하네
몸이 있으나 움직이지 못하네
아무 것도
아무 것도
할 수 없네
오로지
마음으로
따스한 차 한 잔 끓이네
우직우직 씹어 먹는다

국립극장 오가는 길에서

국립극장 기둥 타고 역사가 흐른다
대중의 귀와 눈이 옹이처럼 밝혀
문화의 꽃을 피우며
꿈을 꾸었다
봉산탈춤이나 태평무 부채춤이
부드럽게 망막을 식히고
잔쇠돌춤 선무도 놀음이 낯설게 청각을 강타한다
예술혼을 먹고 사는 국립극장
막마다 서린 애환은 가슴을 뛰게 하고
객석마다 눈망울이 전설처럼 주절이 열려
추임새에 흥을 돋운다
내일의 이야기를 들려주기 위해
멈춘 막은
삼삼오오로 이어지는 귀갓길에 끈을 늘어뜨리며
길게 이어진다
차박차박 내려오는 길
삼일 오 기념탑에 눈이 멈추고
오등은 자에 아 조선의 자주국임을 선언하노라

유식한 혜안 있어

낭랑한 목소리 따라

떠듬거리며 목청을 돋우며 눈의 심지를 키운다

좌로 어긋난 곳엔

또 다른 이의 애국사랑이 눈을 멈추게 한다

자유가 뭐 길래

그 흔한 자유가 오늘따라 가늠이 안 되며

사방팔방으로 뛰어오른다

4월 초 엿새 날의 초승달이 빙그레 웃는다

혈육과 함께한 시간의 즐거움이라도 안다는 듯이

물댄 동산 1

백합화야
너는 아느냐
한 이파리 한 이파리
정확한 초침처럼
보살핌 받고 있다는 것을
엉겅퀴 보라 꽃도
점잖은 천수국도
틀에 찍은 듯 나란히 웃는 조롱박도
시원한 물이 있기 때문이라는 것을
묵묵하고 바지런한 동산지기 있어
마른 땅에 물들어 가는 소리에
마냥 기뻐 흥얼이는 소리 더 높다
정성들이는 뜰 안의 만물처럼
손길 닿아
돌볼 또 다른 양이 있다는 것을
하늘가는 길
가시밭 김매기 하는 것임을
저 굴뚝새가 넌지시 일러주지 않느냐

물댄 동산 2

새벽 미명에 옥구슬을 가득 꿰고
아침 한나절에 해님이 놀러 오고
깊은 밤 별들이 서둘러
잎사귀마다 총총 내려앉는다
多多 多
이 뜰에 앉으면 행복을 담는다
백일홍아
천수국아
귓불이 발그름한 것을 보니
행복을 많이 감추었구나
하양 토끼야
한 점 이슬을 망막 끝에 매달았구나
오라 오라
행복을 담자꾸나
빈 바구니 끼고서
마음껏 하늘을 들여놓자꾸나

사월

사월의
매서운 바람이 분다
불 바람에 다 타버린 빈터의 처절함이
시린 어깨를 들썩이며
친구의 등 너머로 몰려든다
회색의 도시
아직도 겨울옷을 벗지 못한 군상들은
아직 목련꽃 같은 맑은 촛불 하나 밝히지 못한
우둔함 때문일까
신랑 맞이 못한 오아시스 나라
그 처녀들의 몽매함 때문일까
재래시장 한쪽 좌판에 냉이를 펼친 노파의 가녀린 어깨에
피어난 또 다른 냉이의 푸석함이 오는 봄을 아리게 한다
봄
봄
가지마다 안간힘에 재롱잔치가 열리고
하얗게 서리 맞은 땅마다
붉은 햇살이 피어오르고

얌전히 베일에 가려졌던

달래가

냉이들이

희뿌연

가랑이를 드러내며

아

바람이 나는 계절이다

안 되겠니

내 마음이 고요할 때
네 이름을 부른다면

쪼롱 조팝이 불러 세울 때
네 이름을 부른다면

하얀 새와 섬 그늘에 놀고 싶을 때
네 이름을 부른다면

추억의 길에서 엿가위 소리 들릴 때
네 이름을 부른다면

눈꽃이 무더기로 피어날 때
네 이름을 부른다면

안 되겠니 안 되겠니

보고 싶은 사람아
하루에도 스무 댓 번 보고 싶은 나의 영혼아

유월을 물고

유월이
속삭인다
한해의 반을 잘 지나왔다고
귓바퀴를 가르며 응원가를 들려준다
먹고 일하고 자고 반복된 생활
무엇을 잘했다는 것인가
사람이 빵만으로 살 수 없다는 말
나이가 들면서 귓바퀴의 자람만큼 더 가까이 들려온다
억척스레 일하는 동포들
그 앞에서 사치란 말은
피곤하다는 말은
누가 될 뿐이다
그 옛날
아메리카 부를 이룬 하와이의 수수밭 노동자의 모습이
짙어지는 녹음에 오버랩 된다
유월의 깃에서
내 마음 어딘가에 있는
꼬깃거리는 단어 하나 끄집어내
싱그런 유월의 빛깔에 툴툴 씻어본다

별들의 전설

까만 밤 9시 하늘에 나타난 별을 하나씩 세며 하늘을 난다
오래전 페니키아인이 들려준 하늘의 비밀에 녹아든다
봄에는 아스트라에아를 위한 알파(α),
베타(β)의 천칭이 되고
여름에는 베가가 들려주는 거문고 소리에
잠이 드는 행복한 스피카가 된다
가을에는 페가수스자리에 척 앉아
사각의 모서리를 뚝딱이며 다듬는다
겨울에는 큰 개와 작은 개가 따르는 마차를 타고
행복한 산타가 된다
반짝거리는 별들 그 별 밭에 앉아서 지구를 깡그리 잊는다
모래알처럼 흩뿌려진 금 밭에 성을 쌓고
내가 살았던 몇 광년의 끝
아름다운 이야기를 그린다
푸른빛, 오대양과 육대주를 차례로 그린다
모래알만큼이나 많은 별이 보잘것없는 지구인을 응시한다
빛이 없는 내 얼굴이 얼마나 우스꽝스러울까
창피해 손을 가린다 찰나 뜨거워지는 자신을 보며

감동에 쌓인다

많은 별이 제각각 자그마한 빛을 보내어 별이 된 나를 본다

재깍재깍 자전과 공전을 하며 일주운동과 연주운동을 하며

질서정연하게 궤도를 돈다

15도 각도에서 동에서 서로 매일을 1도씩 움직이며

오늘을 연다

아! 행복함이여

별들만큼이나 많은 인류 속에 티끌로 존재했다는 것

타나토노트가 된 나

갈피마다 조물주의 신비에 새하얗게 밤을 밝힌다

산골짝 흑빛 淵 에 土이 찰랑거리며 오늘로 뜬다

박쥐의 이야기

어제는 길짐승으로 자주색 드레스를 입고
사뿐사뿐 무도회에 참석하고
오늘은 날짐승으로 피노키오 차림으로 회전 곡예를 서두른다
언제나
삼거리에서
길 못 찾은 어중중이
이편도
저편도
멀게만 느껴지고
두 눈엔 아지랑이 어른 피어오르고
덜컹거리는 1호선 전철
비어있는 은색 좌석
내 것인가 앉았다
찰나의 시간에 나꿔 채이고
분이 부셔서 눈꺼풀을 늘여 덮고
주머니 속 동전만
황금박쥐 되고 싶어 손톱으로 할퀸다
내 작은집

낙양 읍성의 한 귀퉁이 쪼아내
되 바랐던 추억을 안고 앉았다
빈가 따로 없다
우주의 티끌
내려앉은 터, 소꿉놀이
거친 바람에 난방이어라
성냥팔이 소녀의 불꽃놀이 현상보다 더 화려하여라
뚝딱 은 방망이 행복을 두드리고
다닥다닥 다듬잇돌 주름살 펴는 소리
마른 날들을 넣고
벌어 쓰는 절굿공이 두 개
복을 찧는다
질깃질깃 납두 균을 넣는다
소알 같은 힘이 솟고
마른 힘줄에 화색이 돈다

한탄강 자락에 서고 싶다

오늘 같이 눈이 나리면
한탄강 자락에 슬며시 스며들고 싶다
여름 소낙비
씩씩대며 우르릉거리던 성난 얼굴이 떠오른다
이젠
차분히 눈에 감싸여 내면을 키울 한탄강
그곳에 서서
차분차분 일 년의 반성을 풀어놓고 싶다
조곤조곤 미래를 감아 새날을 저금하고 싶다
예나지나
변함없이 흐르는 저 강물
속삭임 들려온다
이따금 삐꺽 이는 철로 위
녹슨 레일에 서서
팔 벌려서 서고 싶다
어느 영화에서처럼

오래가는 침묵

그녀가 망중한을 틈타
봄 언저리에서 강타했던 기기가
이사를 앞두고 빤히 쳐다본다
손가락을 꼽아보아도 너무 오래도록
나의 애무를 기다렸을 것을 생각하니
미안한 마음에 살며시 희고 까만 깃을 만지작거려본다
개구쟁이들과 댕댕거렸던 지난날들이
쾅쾅거리며 귀청을 찢는다
뽀얀 먼지에 가려진 나의 심장이
빨간 피를 토해내며 얼룩지고 있다
가지 못한 길
그 회한의 소용돌이에 걸려
나는 흠뻑 울고 있다
침묵보다 더 값진 것 없다는 것 새빨간 거짓말이다
잊히지 않는 여인이
되기 위해 침묵을 사정없이 깨뜨린다
망치를 들고
게으름을 부순다
침묵을 깨뜨린다

네가 잎으로 왔더란 말인가

네가 머문 자리가 이토록 아픔으로 와
몸 속 굽이굽이 혈관을 타고
어깨로 가슴으로 알알이 포진하였구나
한 마리 나비되어 떠난 너를 찾아 헤맨 선운사 둔 턱에서
어두컴컴한 겹눈에 비친 반짝이는 작은 알갱이를
발견하고 캐내고도
서해안을 따라 남해안을 따라 동해안을 뒤진 스무 날
알갱이는 마르고 수분 한 방울 없이 납작 북어로 누워있다
갈가리 찢긴 주체할 수 없이 흐르는 눈물로 적신 그 알갱이
네 밥그릇에 살며시 넣어 두고 무심한 날을 눈물로 적셨구나
일 백날의 시간들이 지나고 문득 올려다 본 네 밥그릇
너는 잎으로 피어나 푸르게 웃고 있다
빗속에 안고 뛰던 일이 다시 떠오른다
미안하다는 말 하고 또 해도 허공은 너무도 멀다
단말마의 소리조차 뱉지 못한 너를 생각하면
목울대가 일어서 나무장승이 된다
아! 찌루
석산(石蒜)
네가 정녕 잎으로 왔더란 말인가

그 여자는 내 안에 있다

두 마리 잉어처럼
비단 지느러미 휘감으며
사랑을 했던 여자

편견 없는 세상 보는 요술 안경
뚝딱뚝딱 잘도 만드는 여자

12자 8자 두꺼운 네모 안경 속에 갇힌 채
속으로 속으로 알을 품는 여자

하루살이는 될 수 없는
진정코 내일을 또다시 사는 하루 살이

악송처럼 스러져간 사랑 그리워하며
등 돌려 흐드득 울음 우는 여자

내 안 헝클어진 타래 속에 숨 쉬며
타래타래 실 감는 여자

우리가 함께 바라보는 곳

쩍 벌어져 톡하고 익은 알밤처럼
끊어지지 않고 가느다란 인연이 이어진다
여울이 되었다가
고요한 바다가 되었다가
어느 산가의 조롱박이 되었다가
도시의 빌딩이 된다
너와 나
눈높이를 맞추며 나란히 선
한탄강의 철교 아래
굽이치는 물살을 헤아린다
동두천의 푸른 안개
한 다발 어깨에 짊어진다
그 옛날 씩씩하게
살았을 연천이를 꿈꾸며

아! 가을

하나
하나
정성껏 주운 가을
목젖에 꿴다
이듬해 봄
파아란 나물 찬
상큼하게 입맛 돋우기 위해

아, 가을, 수선화 피고

오뉴월
꿀벌들이 실컷 먹고 내다버린 찌꺼기들이
유리병에서 잠을 자다 일어나
시간을 조물딱거리며 윙윙거린다
한 놈은 식탁에 한 놈은
냉장고 옆 바닥에 철퍼덕 나자빠졌다
엊그제 산에 갔을 때
눈 맞춤한 인연이 아쉬워 데리고 온 단풍잎들이
고래싸움에 등터지듯 와르르 쏟아졌다
망보던 까만 개미떼가 덥석 한입에 문다
아, 꿀맛 나는 가을
그 나르시스에 빠져
수선화 무더기로 피어난다

가을날의 동반자

싸각싸각 분주한 가위질이 한창이다
하얀 도화지를 멋진 가위로 썰고 또 써는 것이다
어쩌면 너는 가위 손을 가지고 태어난 지도 모른다
어느 영화에서처럼
삼천리강산을 저렇게 가위질해 놓았다
나는 쓱쓱 스케치 한다
틀릴세라 손목에 힘을 부어가며 조심스레
섬세하게 한 잎 그리고 또 한 잎
겨우 세밀화 하나 완성한 가을날이다
덤으로 손목에 혹 하나 달고서
어느 것 하나
이 가을날 없어서는 허전할 귀한 몫들이다
드높은 하늘 밑
어느 잠든 궁궐 파수꾼이 되어
말없이 지키는 동료이기에 소중하다
너와 나
오목조목 이 멋진 시월을 지키는
짝패
망초와 쑥부쟁이

12월에

군더더기 없는
그대를 만나고 싶다
경주로 행하는 지름길
어느 길가의 아담한 찻집처럼
녹차를 우려내며
아무 말 없이 우리의 생각을 더하고 싶다
1더하기 1이 아닌
무한대의 상생의 혼을
12월 공간에
살찌우고 싶다
일련의 마지막을 여는
아니
새해의 첫 달을 준비하는
12월
따스한 초 한 자루 밝히고 싶다

학곡 빙어 잡이

빙어사냥 가자네 / 망태 매고서
눈이 왔다네 얼음 얼었다
눈사람도 만들고 / 썰매도 타자
곡괭이로 쾅쾅쾅 / 구멍을 뚫고
쌀 구더기 쪼로롱 / 낚시를 한다
조마조마 조마마 / 숨을 죽이네
언제 올지 빙어 떼 / 물어보아도
백조들은 갇힌 채 / 말을 못하고
유여만만 바위들 / 시침을 뗀다

다시 사랑할 수 있을까

백두대간의 지류 따라 위치한 나의 세포
되너미 고개에서 한바탕 소란을 떤다
밀고 밀리고 밀면 또 밀려나고 자리 잡고 물러서고를
반복해 이루어 놓은 한줌의 붉은 화전
불 탄 자리에
꽃이 피듯 언 세포가 해동을 할 것인가
빙산이 녹아내린 듯
뜨거운 햇볕에 녹을 수 있을까
파란 하늘가 걸친 구름 한 조각
아래를 가만 내려다본다
눈 사래 치는 모습이
응원인지 비웃음이지를 남기며
흩어진다
아
이 가을
단 하나의 사과
붉고 만난 과육 그 아삭한 상큼함 다시 살아나
공활한 가을 하늘에
무지개 하나 그려 넣으면 좋겠다

정
물
화

매생이

미끄덩 엉금 거리던 게 발이 빠졌다
깜짝 놀라 붉은 얼굴을 감추느라 태연한 척
물속으로 쑥 들어간다
달이 웃으며 다가온다
놀랬지 하는 시늉으로 무언의 말을 건넨다
더욱 놀란 게가 쏜살 같이 갯바위 등을 之타고
하늘을 올려다본다
물속에 있던 달이 어느새 하늘에서 생글거린다
정신을 못 차리고 게가 허둥지둥
달맞이꽃이 웃음 참지 못하고 모처럼 까르르 웃는다
그렇게 정월 대보름 밤이 깊어갔다
갯바위 등을 탈출해
바닷물 따라 온 매생이
식탁 위에 버젓이 앉아
게감정과 함께
거나하게
해장의 노래를 부른다

감자에 싹이 나서

포슬포슬한 감자
며칠을 지하실 독방에 가두었더니
악마로 변해 발톱을 드러냈다
악마의 발톱을 하고
하얗게 엉기었다
혹자는 꽃보다 더 아름답다고 했다
칼라하리보다 더 옥죄며
건사하게 영역을 넓히며
새로운 것을 창출하고 있었다
감자의 육질이여
솔라닌이여
모두 물러서거라
굳건한 악마의 발톱으로
관절을 평정하리라 허세를 부린다
거짓을 외치며 지하방에
한 줄기 빛을 발하고 있다
거짓이 참보다 더 참 같다는
뇌수의 말에 동공이 커진다

거위벌레는 어떻게 되었을까

맹아처럼 서서히 자란다
내 안의 싹
싹둑 잘라내고 싶음에
독주를 갖다 댄다
아픔은 명리작용처럼 부풀어 올라
땀샘은 좋아라 비눗방울놀이 한다
사랑도 아닌 것이
정도 아닌 것이
구별 못하고 치매되어
떨어지는 낙엽이
우박처럼 느껴진다
젊은 날의 상수리나무의
거위벌레는 어떻게 되었을까
내 영내에 알을 낳고
내 팔이 부러졌다면
벌겋게 퍼지는 노을을 바라보는 둔덕
지난날을 되새김 한다
나를 못살게 한
또 다른 거위벌레는 어떻게 되었을까

담쟁이의 부활(꿈꾸는 담쟁이)

차창 너머로
설핏
시멘트 자락에
죽은 듯 납작 붙어있는 내영혼의
미미한 가쁜 호흡을 느끼며 가슴을 여민다

연녹색 호방한
무성한 나날이 지나고
소슬바람과 소곤거리다
너무 늦은 지각생
앙상한 실핏줄이 돋아난
가녀란 손가락 5개 거두며
꾸준히 나만의 세계로 나아간다
내년 봄바람 향을 환각으로 느끼며

일몰

하늘가는 길
긴 걸음 너덜거리는 육신
작은 불기 살리며 지난 날알들
한 호흡 모아서
활활 불을 당긴다
애잔한 세상 미련 감추기도 하련만
물 속 가랑이로 이미 쑥 빠져버린 넋
허공중에 뿌리며 다비식을 한다
솔개도 눈 감고 숨을 죽인다

근사한 모형

어젯밤
아버지가 먹고 난 식탁
네모난 접시 위
근사한 모형 하나 헤엄치고 있다
가느다란 철사 줄로 칭칭 매여
모형 하나 헤엄치고 있다
노인의 바다에서 갓 잡아 올린 고래 한 마리
어머니는 고작
잘 구운 청어 한 마리 드린 일 뿐인데

삼진날의 설렘

보송한 내의를 벗기가
못내 아쉬웠는지 쉬엄 거리더니
산뜻한 이발을 하고 봄을 밀어내며 여름을 재촉한다
겨울에서 여름으로 바꾸어 놓고 우쭐거린다
오래된 동네 새로 들어선 집들 사이
행복이 흐르는 개울 같은 집이 있다
겨우내 침잠해있던 마당이 깨어나고
뒤란 개나리가 매화가 나란히 웃음 짓고
상추가 부추가 소록소록 올라온다
텃밭 지기 머위가 살가운 눈으로 바라다본다
비어있던 개집에도 주인공이 버티고
하얀 토끼가 굵은 눈망울 굴리며
작은 집을 더 작게 하며 오소리처럼 설레게 한다
구들목을 덥혀주던 묵은 이불들이
빨랫줄에 나란히 일광욕하고
길가 새로 단장한 동백들이 작은 키를 맞대고 수런거린다
가만있던 도화가 봉곳이 얼굴을 붉히며 마을 이장처럼
마이크를 열어 외친다

봄이란다
우리 세상이다
마음껏 뽐내자
우리 보금자리 마음껏 자랑하자
행복이 흐르는 도원으로
내일모레면
저 앞 빌라 지하주차장 처마 밑에 살던 제비가
강남 갔다가
어떤 턱시도를 입고 올지
어떤 선물을 들고 올는지
이번에 들려줄 이야기는 어떨지
가슴 팔딱이는 따스한 봄이다

봄바람의 붓질

여기저기 화려했던 색채를 걷어내고
봄바람이 시원한 파스텔 톤 색조 붓질을 막 끝내고
내리는 비에 붓을 닦습니다
가로에는 좁쌀알 같은 열매들이 떨어지고
연초록들은 수다를 떨며 조금씩 짙은 화장을 해 댑니다
추억을 심어놓은 도심지 보리밭 고랑에는
신기한 듯 사람들을 구경하느라 고개를 내밀고 있는 이삭
의
갸웃거리는 모습도 보입니다
유채와 보리 어울릴 것 같지 않은 음성이 옥타브를 올리며
젊음을 보며 아우성을 칩니다
불 줄 모르는 보리피리 하나 마음으로 꺾어 듭니다
삐리리삐리리
등굣길에 추억 하나
재빨리 날아와 두둥실 춤을 춥니다
아
오늘은
청보리가 신록이다

버들개지

살가운 봄바람이 바지 속으로 스멀댄다
저 푸른 행성을 꿈꾸는 발원지가 꿈틀 인다
밟혔던 보리들이 일제히 일어나 소리친다
보드라운 엄마의 자궁이 열린다
추운 겨울의 짧은 햇살이 서둘러 몰려가고
꽃샘바람의 쌀쌀함 속에 반짝이는 해거름이
눈 맞춤을 하며 마른 버들의 허리를 간질인다
아아
생명의 힘이여
닳은 관절에 기름이 돌고 뜀박질을 시도한다
함께 뛰던 강아지의 환상이 보인다
멀리 떠났던 찌루가 달려온다
은색 꼬리를 나부끼며 안긴다
내 사랑이

목화

하늘 향한 바라기
굵은 동맥 늘이며
가는 실핏줄
뻗어
그 정성 하늘에 닿았네

연모의 정 뚝 따
잉태하였구나
끝내
목젖 틔우며
멀미로 멀미로 토해 내누나
아
하얀 구름으로 태어났구나
네 눈물 담은
붓두껍 속처럼

청포도를 기다리며

그녀가

따가운 햇볕을 온몸에 받으며

반쯤 눈을 감고 걷는데

진시황제의 지하군단이 빈틈없이 물구나무서 있다

그 놀라우리만치 정확한 크기에 희열을 느낀다

저울에 달아도 한 치도 양보가 없을 것이라고

되뇌며 그곳을 한참이나 바라보다 스르르 발걸음을 옮긴다

그로부터 오랜 시간이 좀먹듯 갉아지고 바래졌다

자잘한 청포도

달콤하고 시큼한 맛이 울컥 올라 그 짜릿 맛이

입안에 고인다

바다를 끼고 있어서

사라호 때 쓰나미가 합세해

그 위력을 들어낸 그 항구

이층집도 없던 그곳

지금도 청포도가 영글고 있겠지

7월의 사설에 붙박이처럼 찰싹 붙어

뙤약 빛 아래서 낯익은 손님의 발자국을

기다린다

고도를 기다린다.

바람의 언덕

한허리 오르고
또 한허리 오르고
성큼 마루에 오르니
바람이 싸하니 살갑게 맞는다
남풍이 노랑 개비 돌리면
북풍은 파랑개비를 돌린다
자유로운 바람아
연못가의 갈대도
부들도
윙윙 추임새를 넣누나
오가지 못하는 나그네
바람의 언덕에서 눈 감은 장승이 된다

올방개

플라우 경운을 피해
지하터널을 뚫고
살금살금 기어와
큰 도시 저자에 왔다
새까만 베일을 벗어 던지고
하얀 속살을 보이며
진열대 위에 떡 앉았다
쫄깃쫄깃
군침 돋구어
맛있는 식감으로
흑임자도 보듬었다
논, 못에서 천대받던 올방개
또 다른 흥부로 돈방석을 탔다
음지가 양지 되었다
웰빙이란 이름의 날개를 달고
힐링을 외친다
올방개가 올방올방 걷는다
고향의 논두렁을 달린다

*플라우 경운 – 제초제를 쓰지 않는 제초법(억 초 법인 하나로 서양에서 발달)

굴비

촐랑이던 조기 한 마리
운수 좋게도 뭍에 올랐다
눈앞에 펼쳐진 풍경은 금방 동나고
뭉그러져 나동그라졌다
눈은 빨갛게 충혈 되고
시간 지난 수제비처럼
불어서 널브러졌다
과메기의 계절을 알리는 12점 종소리가 요란하게 들리고
찬바람이 칼을 들고 달려든다
득달같이 달려 나가
뜨거운 장작 아궁이에 머리를 밀고 들어가
참나무 향기에 질식한다
차곡차곡 쌓인 소금 방에 뒹굴며
해수로 배추 절이듯
절이고 또 절인다
허물을 활활 벗는다
그 옛날의 인어처럼

패랭이꽃같이 (실레네 스테노필라)

실레네 스테노필라
3만 몇 날의 낟알을 외며
숲 속 긴 터널을 걸어온 인연이여
한줄기 다슨 바람이
한 뼘의 보드라운 먼지가
긴 여행길을 재촉하였더냐
땅 다람쥐의 사랑을 넘어선
애증의 덫인가
툰드라의 얼음 세계에
어느 왕자의 입맞춤이 새하얀
아름다운 얼굴을 깨워냈느냐
사랑이어라
사랑이어라
봄, 홍빛 설렘이 순간 온통 광풍이 인다
네가 간 곳 긴 미로일지나
푸른빛 한 줄기에 싹을 틔워보련다
임진각 바람 언덕에서
너와 나흰 패랭이꽃 날릴 그날을
씨눈이 되어 몽골의 풀밭을 넘어온 연을 품고서

연밭에서

비 오는 날
갓 쏟아지는 생수를 마시러 들판을 나섰다
진흙 밭에 연꽃도 생수를 마시고 있었다
숨겨 논 구멍으로 들컥들컥 마시는 소리가
피카소의 그림처럼 입체적으로 그려진다
나도 입맛을 쭉쭉 다시며 연못에 초점을 맞춘다
모기 유충을 기다리는 우렁이가 놀라서
손가락으로 쉿 하면서 더듬이를 오물린다
구정물을 마시면 죽는다고 넌지시 일러준다
진흙에 미네랄이 많아서 속살이 뽀얗다고
 엿보던 연자가 숨어서 소곤거린다
까만 피부 하얗게 변하려나
자꾸 구정물을 마셔본다
내 영혼에 더덕더덕 낀 때, 벗겨지고 환해지려나
꿀꺽꿀꺽 마신다
낡아 찢어지고 살만 남은 우산이 빙그레 웃는다
아주 걸작으로 뒹굴면서 앉아보라고 부추긴다
나를 깨닫게 해준다
겉모습을 툴툴 벗는다

청연

새하얗게
마음을 씻으며 쉴 새 없이 물을 거르는 연
부끄러울세라 큰 우산 들고 낯을 가린다
태양 빛 하늘빛 먹고 자라
2,000년 전 본향을 그린다
맑고 고고하게 핀 그 자태
얼굴 빼꼼 내밀고
안부를 묻느라 숨바꼭질한다
알알이 박혀
내년을 꿈꾸며 돌리는 꿈 맷돌이라
연잎 위 물방울
튀기면
잘게 부서지면서도 여전히 동글동글
세상 비웃으며
진흙 바다 그곳에 아방궁 건설한다

전문가와 아마추어

참매미와 말매미 사는 느티나무
얘, 왜 그렇게 못 부르니
음악공부도 안했니
리듬도 못타니
맴맴맴 차르르 뚝 맴맴맴 차르르 뚝
맴맴맴 차르르 뚝 맴맴맴 차르르 뚝
이렇게 해야지
참 너는 뭘 모르네
맴맴맴맴맴맴맴맴
맴맴맴맴맴맴맴맴
이렇게 일사천리로 하는 거야
맴맴맴맴맴맴맴맴
맴맴맴맴맴맴맴맴
그만해
시끄러워 귀 아프다
리듬을 타야지
맴맴맴 차르르 뚝 맴맴맴 차르르 뚝
맴맴맴 차르르 뚝 맴맴맴 차르르 뚝

나는 전문가인 걸

너는 아직 아마추어인 걸

맴맴맴맴맴맴맴맴맴

맴맴맴맴맴맴맴맴맴

말도 안 돼

다투지 말고 함께 부르자

그래 같이 부르자

맴맴맴 차르르 뚝 맴맴맴 차르르 뚝

맴맴맴맴맴맴맴맴맴맴맴맴맴맴

이렇게 여름은 익어가네

불협화음을 남기며

그 녀석들이 떠났다

지하주차장에 날아든 그 녀석
그것은 유인된 갇힘도
길 잃음도 아니었다
훨훨 자유롭게 비행하며
알찬 보금자리를 꾸미고 있었다
콕콕 시멘트를 하느라 부리가 아파도
물어다 입에 것을 넣어주는 부푼 꿈을 안고
히죽거리며 웃는 것이었다
그렇게 대공사가 끝나고
신접살림은 시작 되었다
조용한 곳
아무도 닿지 않은 천상에 아담한 오두막을 집을 지어놓고
'우리는 황금 집이 아니라 집을 빼앗기도 않아도 된다'
알쏭달쏭 거리더니
거무잡스런 털북숭이들을 낳아
곤충들을 물어다 주고
비좁게 온 식구 정답게 밤을 지새우더니
어젯밤에 올려다본 텅 빈 집

아뿔싸

모두가 떠났다

그 녀석들이 떠나고 말았다

쑥갓 꽃처럼 멀떼같이 노오란 사랑이

피어나기도 전에

미확인비행물체처럼

땅에는 흑백의 논리를 적어놓고

내 가슴에도

전쟁과 평화의 흔적만 가득 남기고

국제 조각 공원

사선대 국제 조각 공원이

지도에서 애써 찾은 보람도 없이 보물섬처럼 보이지 않는다

덜커덩 실어다 팽개친 곳이 유명한 공원이란다

도대체 어디에 국제라는 말이 붙을 만한가

널브러져 잠만 잔다

홧김에 발로 이름만 잔디인 잔디들을 툭툭 찬다

무성한 잡초더미에서 이름 없는 대리석 하나 불쑥 일어난다

하나, 또 하나

보물찾기 놀이를 한다

여기

저기

하나씩 마른 뼈들이 일어난 골짜기가 된다

아무도 없는 시날 평지에 바벨탑을 쌓는다

올록볼록 거리는 나의 살점들은

칠월의 땡볕에 녹아 자글자글 잔디를 삶는다

하늘로 하늘로 오르려는 욕심을 무너뜨리려고 하듯

조용히 아주 조용히 침묵 한 뼘이 슬그머니 다가와

등줄기를 강타한다

잠자는 사자 코털 건드리지마

키 내기

강아지풀이 묻는다
넌 누구니
너의 형 수크렁이야
나는 형이 없어
오늘부터 형이라 불러
왜
너보다 키가 크고 튼튼하니까
치
넌 고작 강아지잖아 난 커다란 말이란 말이야
말도 안 돼
나는 은혜 갚은 풀로 쓰였기 때문이지
오랜 옛날 진나라 위과의 이야기지……
좋아 좋아요
절 받으세요
형님

*수크렁 –결초보은에 나오는 풀
춘추좌씨전 진위 위무자의 아들 위과가
아버지의 유언을 받는 과정에서

시화호 갈대 습지에서

몸살을 앓느라 쉴 새 없이 신열이 나며 끙끙거리는 시화호
한의원은 단방으로 갈대라는 푸른 이삭을 내놓았다
보잘것없던 갈대는 지킴이라는 새 이름이 생겼다
한 포기 한 포기 모내기하듯 심어졌을 때 무척이나 우쭐거렸다
그 명예는 오래지 않아 오염된 물에 중독되고
허리는 아픔을 이기지 못해
구부러지고 꺾이고 외로운 투쟁은 계속되고
가을이 오고 또 가을이 오고
아픔을 삭이며 더러운 부유물을 흡수했다
뿌리는 시린 것을 이겨내며 자꾸 늘어나고
새 처방은 명약이 되어 푸른 살이 돋아나 넘칠거린다
갈대꽃이 피고 흰 머리카락이 늘어나고
개똥지빠귀와 호랑지빠귀가 번갈아 놀러 오고
파랑새가 노래하고 덤불해오라비가 고기 잡는 묘기를 펼친다
사람들이 사진을 찍자고 팔을 당기고
이름 있는 모델이 되어 주가를 높인다
"네놈은 어디서 왔노"
"시베리아에서 어제 날아왔습니다"

대뜸 반말하는 갈대와 시월 느지막이 원두막에 앉아

술잔을 부닥친다

취기가 오른 갈대가 자랑이라도 하려는 듯

보물들을 마구 꺼내놓는다

파랑새, 덤불 해오라비, 쟉도새, 호랑지빠귀, 개똥지빠귀

꼬까 참새, 흰뺨검둥오리, 붉은머리오목눈이

어느새 그들은 눈부신 합창단이 되어

갈대 세레나데를 부른다

까라라라 까라라라

(프롤로그에 그림(시)을 표현했습니다.)

블루베리

복주머니 옹기종기 내걸고
입 벌려 새콤달콤 입맛 부른다
파란 하늘, 높은 구름 벗삼아
까맣게 까맣게 머루 눈이 될까
낮은 땅, 비 먹고
섬 포도, 머루포도 친구가 될까
가부새 바람 불면
인디언 북소리 둥둥
여름잠에 빠진다

인물화

물맷돌의 노래

콩주머니 내 마음 보여줄 수 없지만
사랑에 포물선 그리며 달려나간다
수줍은 너의 마음 그림자 몰아내
푸른빛 더 붉게 희망을 속삭이리

콩주머니 내 마음 콩콩콩 거려도
사랑에 포물선 그리며 달려나간다
수줍은 너의 마음 꼭꼭꼭 찾아내
푸른빛 더 붉게 희망을 속삭이리

내 너를 사랑하리 언제든지 수호하리
반츨반츨 끊임없는 물맷돌 사랑

진흙 속 보배

곱상스런 당신
어느 구석에 사랑을 꽁꽁 감추어 두었나요
퍼내도 퍼내도 남아있는
어느 여인의 밀가루 항아리 빌린 것인가요

다정스런 당신
그 작은 체구에 정 담긴 바구니 걸치셨나요
담아도담아도 넘치지 않는
어느 여인의 기름 항아리 빌린 것인가요

봄
여름
가을
겨울
변하지 않는 마음으로
보살핀 사람들
따스한 기억 한줌 안고 먼 나그넷길 가고 있지요
안드로메다라 한들 그리 멀지 않겠지요

귀여운 여인

두 개의 여의주를 입에 문 여인
눈으로
마음으로
사랑을 연주한다
곱슬곱슬 16분음표로
느릿느릿 2분음표로
가지런한 치아 동그마니 치즈를 물고

쿵덕쿵덕 오늘을 찧는다
설빔을 곱게 입고 널판 가운데 나보시 앉아
고도를 기다린다
좌판 위 삼숙이
진수의 매운탕을 보여줄 때를 기다리듯

행복한 엄마

하얀 까운을 벗어던지며
급하게 일인 3역 일상의 자리로 돌아온 엄마
시험점수를 챙기며 잔소리꾼으로 탈바꿈한다
때로는
엄한 선생님 말투로
다정한 목소리로
우리의 연극을 총괄한다
허허허
하하하
호호호
히히히
이제 막 담근 김장이 익듯
거실창이 뽀얗게 우리가 곰살맞게 익는 김이 서린다
눈처럼 엄마의 기도소리가 밤새 포근히 내려 덮인다
곧 벌어질 동백도 봉오리를 숙이며 최면에 빠진다

작약 꽃

하마터면
네 속에 숨어있는
불타는 사랑의 입술을 보지 못했으리라
그 비밀의 문을 열고 사운드 & 뮤직에 나오는
여주인공의 마음을 읽는다
여리디 여린 때 묻지 않은 물봉선아의 물기가 촉촉이
배어 있음을 찾았다
모란처럼 금방 시들어 버리지 않는
꼿꼿이 기품을 뽐내는 그 자태에 반해
내 안에 상큼한 청정기 한 대 들여 놓는다
저 남쪽 나라 해안가
하얀 요트가 머물고 있는 그 항구에
피어난 그 함박꽃
사랑의 꿀벌 하나
모란꽃 한 잎 주워 쓰고 살며시
피오니 공주의 이끎에 아무도 모르게 꽃술에 숨어든다
자웅이 노니는 그 모습
꾀꼬리도 시기한다
6월의 하늘이 모루처럼 뜨겁다

사랑스런 너

좁다란 환풍구를 따라 반대편 유리창에서 바람이 분다
언제나 지구촌을 손에 낚아 동북아를 오가며
늠름히 버티는 물찬 제비 한 마리가
세찬 기운을 입에 훅 들이마시는 모습을 들킨다
밥 대신 마른 글 한 줄을 새참처럼 넘기며
번번이 자정과 면면으로 인사를 하지만
방그레 웃을 줄 아는 너를 안다는 것이 행복하다
찢어진 청바지가 어떻게 생겨나는지
손전화의 문자가 오가도
심드렁하니 그저 시간만 초침처럼 팔랑거리며
저 벌판을 내딛는 모습이
봄에게 쫓겨 가는 동장군의 모습처럼 애연하다
바람 불면 낙하산처럼 확 펼쳐지는 치마를 입고
민소매에 덧붙여 유행하는 팔찌라도 차면 더 좋겠지
이번 가을이 오기 전에
외출을 한번 하렴
사랑스런 너

미소 연금술사

방금
千 日을 애써 찾아다니던
해님을 찾았다
엄마가 낳은 해와
숨바꼭질하던 아이
드디어 굴속에서 찾았다
박쥐도 잠잠하고
두더지도 소리 내지 않는 순간
한일자 하나 그어졌다
인연의 사슬
한 망울 한 망울 이어져
하얀 겨울에 벽난로의 훈기보다 더 뜨거운 입김
환한 미소를 띠며
대단원의 막을 열어젖힌다

지혜의 키를 쓰고

언제였던가
안방 이불에 커다란 지도를 그리고
소금을 얻으러 키를 쓰고
동네 한 바퀴를 돌았는지 모른다
딤채를 담그려니 귀했던 소금이 동난 것인지도 모른다
추운 지방이 본향인 부친의 근엄한 생활습관이
강인하고도 지혜를 얻지 않으면 견딜 수 없는
갈증을 유발했는지 모른다
솔로몬의 지혜를 얻기 위해
먼 유대 땅을 탑돌이처럼 돌았는지 모른다
조용조용
밤사이 내린 소복이 내린 눈처럼
맑고 고운 자태
새벽녘 귀한 이슬방울이어라
햇살에 깜빡 녹아드는 사랑이어라
소나기 피하는 처마이어라
봉숭아꽃 그늘에 물들인
성탄절 기다리는 어여쁜 손톱이어라

뒤웅박 물

작은 컵이 되었다가
커다란 항아리가 되었다가
낡은 구유에 날아든 풀씨를 키우다가
어여쁜 딸의 주스가 되었다가
이녁 지 머리맡의 자리끼가 되었다가
그릇그릇
변화무쌍의 카멜레온의 색채를 담아
모로 각 지어 멋진 칵테일을 머금고
소나기 쏟아지는 땅 위
둥글게 톡톡 방울 놀이를 하고
귀한 물
쓰임새도 가지가지
장마당이라
한바탕 축제 속에 나를 키운다
찡 찡 찡
홈을 파고 나를 저장한다
깐깐하게
고풍스럽게

표준시계

대충대충 술렁이는 시대
한 작은 광장 가운데
표준시계가 어떤 수식도 없이 걸렸다
그리니치 천문대도
허락을 하지 않았고
어떤 줄도 긋지 않았다
동그란 얼굴에
커다란 눈망울
맑은 미소만 그려 넣었다
재깍 이는 소리가 사과처럼 사각거린다
어두운 밤길 지켜주는 가로등처럼
대충의 시대를 정확하게 가리킨다
기준
오른손을 치켜들고 외친다

염화시중의 미소 속을 들여다본다

아무것도 묻지 않은(間)

어떤 것도 담지 않은

비우고 또 비워 틈새가 벌어진 소쿠리

그 내벽에 쌓인 사금(砂金)을 본다

남풍의 들녘에서 온기를 쓸어 담고

북풍의 거리에서 인동초를 캐어 담고

 북극성 가는 비탈 길

오르고

미끄러지는 빙벽 길

따스하게 받아주는

말 없는 미소 하나

채송화

키 재기 하며
오순도순 뜨락에서
고향 집을 지키던 별꽃이여
수마가 할퀴어 지나가고
그 뻘밭에서 숨죽이며
가슴앓이 하던 작은 꽃이여
양지바른 곳 내어주고
자갈밭에 이룬 터전
은하 너머 밤마다 찾아오는 고운 달빛 있어
배시시 웃으며 정겨운 내 뜰을 첨삭한다
살강 밑의 쥐 오르락내리락 거리며
밤 다 까먹어도 그 보늬를 나눠 주겠다고
어르던 엄마의 자장가 목소리도
단잠을 붙여주는 부채처럼
시원한 여름이다
가는 길 굽어보이지 않아도
작은 우주를 밝히기 위해
하나 둘 피우며
나아가는 귀여운 촛불이여

파랑콩의 꿈

소담한 뒤뜰 아래
앙증스런 떡잎 살며시 열리었다
봄 비 맞으며 가을바람 속삭이며
한 뼘 키 재기를 한다
튼실히 볼살 올라 분홍꿈 꾸었지
뭇 서리 내려서 가지 꺾이는 내일이 올 줄 모르고
까맣게 탄 잿더미
먼 하늘만 쳐다보며 서걱대는 눈망울 소리
숨조차 막혀 꺽꺽이는 소리 나지 않는 뇌성
하늘 닿아 구원의 빛 내리네
한 오라기 별빛 몸에 휘 감으며
녹아지는 때구정물 도움받이 있어
사각의 양탄자 위에
뚤래뚤래 하늘을 그리고 땅을 그리고 나를 그린다
작은 촉수 아름다이 펼치며
담쟁이처럼 아픈 손가락 짚고 또 짚으며
점점 크게 점점 넓게

이슬이야기

밤새껏 오얏나무 잎사귀에 앉아서 이야기 하던
이슬이 닭똥 같은 구슬을 머금고 울기 시작했다
"이슬아 울지마"
"나는 해를 볼 수 없잖아 크고 빛난 해를"
"너는 모를거야,
많은 사람들이 너를 보기 위해 밤을 기다린다는 것을
맑고 투명한 사리 같은 맑은 영혼 말이야"
순환의 이치를 좇아 온 너의 인내와 정성
천사의 세계를 넘어 아담의 세상에 있는 나
찰나의 칼날 위에 줄은 탄다
이별의 시각이 오기 전
대대대롱 구르며 잃어버린 낙원으로 가는 길을 찾자
저 작은 뱁새도 그저 먹이가 생기지 않는다

강물처럼(가곡 시)

햇살 비낀 강 언저리 흰 구름 날고
어느새 내 마음은 돛을 단다
먼 기억 속 찾아 헤매는 연어처럼
삶의 무게 위로 그리움
안개 되어 살포시 날아오른다

가는 곳 어디쯤일까
가는 곳 어디쯤일까
삶의 질곡 속에 때로는 알레그로
때로는 안단테로 여유롭게 연주하며
강물처럼 흐르고 싶다

가는 곳 어디쯤일까
가는 곳 어디쯤일까
삶의 질곡 속에 때로는 알레그로
때로는 안단테로 여유롭게 연주하며
강물처럼 흐르고 싶다

물 대기

당신 가슴팍은 내 꿈을 저장하는 저금통
가슴팍이 사금파리 되지 않게
커다란 눈을 내리감고
궤짝 뒤에 숨어서 살며시 볼우물을 지었다
궤짝에 쌀 붓는 소리가
마른 논에 물 들어오는 소리 같다

당신 머릿속은 내게 영양분을 공급하는 펌프
머릿속을 맑게 지키려고
실핏줄을 어르고 달래어
거문고를 뜯었다
큰 뇌, 작은 뇌의 노랫가락이
여울목처럼 시원하고 콸콸하다

사랑의 동화를 쓰다

짧달막한 연필하나
하늘이 시리다 못해 강물 하나 풀어 놓은 날
그림 없는 동화를 쓰다

내가 사랑하는 사람아
이 작은 지구촌에서
네 손과 내손으로 ㅅ, ㅏ, ㄹ, ㅏ, ㅇ
힘들게 천천히 쓰자

우리의 사랑
우리의 우정
눈빛, 그리고 맑음

네모 작은 가슴팍 작은 호리병
뚜렷이 영혼을 그려넣자
우리 사랑 가두자

아무도

몰래 들여다보지 못하게 밀봉을 해 발효를 하자

우리의 연극, 대단원 막에서

희극으로 끝나야 하지 않겠나

나의 사람아

우리만남을 곱게 채색하자
사랑사랑사랑
우리의 사랑
눈빛처럼
분홍빛처럼
푸른빛으로

작은 네모 가슴에
뚜렷이 영혼을 그려넣자
작은 호리병에
우리사랑 가두어 두자
아무도
몰래 몰래 엿보지 못하게

그대라는 이름

표현할 수 없는
가슴에 인 찍힌 옹이 하나
없어짐도 자람도 없이
그 시각 멈춘 채
무수한 시간이 지나갔다
꽃 터널도
여객선도
단풍 비도
눈꽃도
환한 웃음으로 왔다
실눈을 뜨고 지나갔다
민들레 따라 울다가
조팝을 보고 행복해하다
실버들 아래 늘어져 오수를 즐기고
오동나무 잎사귀 들고 우산도 만들고
하얀 눈꽃 그리워 밤새 끙끙거리고
그렇게 함께한 내 안의 옹이
보듬어 나의 시계를 닦고 조인다
흠이 아닌 값진 보석으로

행복을 켜다

당신이 그린 해와 달
당신이 꽃 피운 갖가지 꽃
그 틈새 조용히 날며
힘 있는 손가락으로
잔잔한 미소로
톱을 켭니다
상생의 노래를 부릅니다
쪼개며 그 아름다운 비율로 신비를 연주하는
달의 은파처럼
크고 작은 울림으로
온몸을 소진하며
바다를 가르듯 사랑의 흔적을 남깁니다
생명을 가둘 수 없는 사해가
치료의 은총을 남기는 것처럼
그 계속되는 부드러운 연주

창틀에 턱을 고이고

단풍잎파리

포곤히 내려앉은 뜰 앞

창틀에 턱을 고이고

가만 가만 내려다본다

행복감에 입을 다물지 못하는 석류

노오란 색감을 자랑하는 모과

그 틈새를 놓칠새라

쓰윽 스케치 하는 구름

생활이 속일 때마다

캠퍼스 다리 잡고 부대끼며

먼 추억을 꺼내들고

포도당 먹듯

까먹는다

아름다운 근심

붓을 긋는다

눈

코

입

바늘과 실

바늘과 실이
산을 오른다
길 가 군데군데 남아있는 푸른 잎을
안스레 기워서 가지에 걸쳐둔다
제 날짜 채우라고 등을 토닥이며 소곤거린다
잣던 물레의 손을 멈추고 걷는 소요의 길
하루해가 뚝딱
원효 앞에 선 요석처럼
얼굴 붉힌 홍당무가 된다
무명실이 찬란한 청실홍실이 된다
해탈을 꿈꾸는 이들이 울리는 맑은 종소리
맑아랑
맑아랑
가을을 낚는다
우주를 낚는다

하회탈 (양반탈)

네 속에 감추고 있는 것 내 놓아라
네 혼이 새겨진 심장을 내 놓아라
허허 웃는 상판 떼기 속
감춘 진실 무엇이냐
움츠린 자라목인양
세상을 놀린다
자라보고 놀란 가슴
솥뚜껑 위에 삼겹살 굽네

그곳에 갔다가

섶다리 같은 다리가 놓인 것을 보았다
실개천에 졸졸거리던 작은 인연
그 틈새를 걸어 다시 만난 사람
그것은 다리가 아니고
이미 세상의 점이 되고
큰 바위 얼굴이었다
사랑이란 굴레 속
큰 등잔이었고
輝光(휘광)이었다
매일 돌리는 쳇바퀴
그것은 딱딱한 문지방이 아니라
부드러운 치즈였다

주(州)를 사랑한 딸들

1. 물 따라 사뿐사뿐 진주 江 찾아드니
   선량한 도령 있어 연정을 품어서라
   질그릇 양지꽃모양 해랑해솔 고와라

2. 맛 따라 예향취해 전주 屋(옥)날아드니
   훤출한 장부 있어 반려로 삼았어라
   채송화 옹기종기 양 삼남매들 굳세라

3. 큼직한 별 하나를 뒤쫓아 잡았더니
   늠름한 군자로다 인연을 맺었어라
   빛고을 내리내리로 태강 명강 만만세

4. 왕도의 도읍지인 경주城 발 딛으니
   꿈을 산 왕후처럼 방방에 이름 떨쳐
   인품과 의술 베풀어 허준의 뒤 잇거라

아픔은 꽃 되어

그녀가
밤새 신 것이 먹고 싶다고
연신 꿀꺽꿀꺽 포도알을 삼기더니
급기야 임태했다
조금씩 부풀어 오는 기쁨을 참을 수 없어
작은 신발을 사서 머리맡에 놓았다
포도를 그렇게 먹는 다 했더니
새싹을 터트렸다
복통의 굴레에서 얻은
까마귀 새끼 같은 포도알 임신
봄이 오면
그 줄기 걷어 낸 자리에
달덩이 아가 얼굴 기운차게 움직이리

너를 보듯 꽃을 본다

하늘을 본다
네가 어디에 있는지
지구촌 어디일까
우주 그 많은 별 중에 어느 별일까
소나기 때 큰 물방울처럼
보고픔에
그리움에
눈시울을 붉게 적시며
가슴 갈피에 끼워 둔
네 잎 클로버 같은 추억을 꺼낸다
환하게 웃는 해바라기를 보면서
한없는 그리움에 빠져든다
망울망울 터져 나온 메밀처럼
내 허파꽈리들의 소리 없는 아우성

웃는 갈대 따라

유월의 돌쩌귀
한 발짝 앞서서 걷는다
낮은 곳 환히 밝히고 핀 토끼풀들
행운이란 쓸모 짝없는 그늘에 가려
갈채 받지 못한 설움을 토해냈구나
검도 기합 넣는 소리
듣고 기가 자라
쫑긋거린다
꿀을 따는 벌들
그 곁에 꿀통을 놓고 꿀벌 왕자 기다리는 처녀가 될까
망중한에 누리는 행복
정왕동 사람들의 메마른 가슴에
제각각 고향 마을 하나 지어놓고
푸성귀에 물뿌리개 들고 다니는 사람들
옹기종기 초가집을 보는 듯하다
오월을 배웅하며 유월이 손잡고 속삭인다
나를 보며 갈대가 의미 있게 웃는다
내가 웃는다

유월이 웃는다
하얀 찔레꽃이
첨탑을 세운 장미들이
생글거린다

글라디올러스

녹황의 굽이치는 물결 소쿠리에 건져
차곡차곡 품에 안고 가는
양 떼 몰이 소녀
사월의 풋풋한 숨결 몰아
정갈한 우물 하나 들인다
밥상 위, 절은 때 말끔히 벗겨 내고
놋그릇 반상기 가지런히 붙여놓고
상큼한 입맛으로 둥그레 밥상을 차린다
그 態(태)에 취해 돌풍에 빨려 들어간다
높다란 용마루 처마가 날렵한 보선처럼 콧등을 올리며
위엄을 뽐낸다
사용원 수많은 노자와 비녀들에게
꼼꼼하고 까탈스럽게 가름 질 하며
윗전의 건강에
온 정성을 쏟으라고
서슬 퍼런 눈 부릅뜨고 핏발을 돋운 목소리
간장 된장 불러 들린다
그날그날이 처음인 것처럼

달걀 물 가지런히 부쳐 맛깔스레

고명 올린 최상의 음식

숭어 조치 소담스레 담은 최고의 정성

연보라 12첩 수라상

은수저 나란히

따스한 봄밭에 생을 차린다

난 인양 쭉 뻗치는 칼날

구슬땀 뻘뻘 흘리는 대령숙수의 모습을 본다

향강의 노을 저 너머
(부제 : 향강 선생님의 노래)

하얀 신작로 따라 시오리
솔골은 송송 맺힌 땀을 씻어내느라 바쁘고
잔잔한 비류강은 산수도를 그려내느라 바쁘다
우람한 누에베루의 암벽봉우리
긴 버들강둑이 여울로 이어진다
노을 비낀 언덕
책보자기 어깨 걸치고
저만치 닿을듯 있는 향강을 물끄러미 내려다 보는
소리열의 소년 하나

아리아리 아리수
明鏡 같은 수면 위로
서너 개 주름이 걸린 얼굴이
파르르 떨고 있다
시간의 흐름을 자로 재는지
내려놓는 무심에
너무나 태연작약하다
뿌우웅 뿌우웅
새벽을 여는 맥다월의 화물열차도

맨허튼의 타임스퀘어도
이방 나그네의 마음을 헤아릴 수 없을 뿐

지금은
어느 누구와도 화해하고 싶을 뿐
세상 끝에 차려놓은 아침밥도 나눠먹고
눈이라도 맞으면 동행하고 싶다는
어느 노시인의 마음처럼.
그리움 강 늪에 허우적이는 소년의 마음도
수수대궁이 대답하는 소리 똑같이 응답을 하리라
새롭게 펼쳐지는 아름다운 놀이가
今日도 이어진다

흐르는 강둑 따라
컹컹 우는 바람 속
뚜벅 뚜벅 코흘리개 소년이 따른다
오래전에 다녀온 고향의 부름에 이끌려
지구를 반나절 돈
한 마리 연어 되어 강 거슬러 오른다

꽃물들인 채로

톡하고 터져버리는 봉숭아를 보면서
철없던 시절 손톱에 물들이고
간신히 들인 채로
12월 기다린 기억이 새록거린다
울타리 밑 봉숭아가 집 안을 환하게 비추던 그때
행복의 단어조차 무의미였던 날의 연속
지금 외색의 꽃들이 점령해버린 우리의 찬란했던 화단
이곳에
첫서리가 내렸다는 보도가 나온 지금
푸르고 싱싱한 무가 자유방임을 만끽하며 자란다
저 밑 무밭 배추밭에 비하면 옹색하련만
아무 말 없이 씩씩하게 자란다
저 밑 강아지
"검둥아"
부르면 고개를 힐긋 쳐다본다
조금 더 쌀쌀해지면 네 처지도 측은하겠지
야생에 홀로 사는 냥이를 생각하렴
아 벌써 11월이구나
달력 빨간 글씨 출장들 많이 간 달

삽
화

꽃샘바람아 불지 마라

보지 못한
겨우내 그리움이 뾰족 싹터
환하고 고귀한 한 떨기
봄으로 꽃 피웁니다
가슴 시리도록 잉태한
붉디붉은 사랑의 흔적
꽃샘바람 속
더욱 그윽하고 고혹한 모습
나, 홍매화

용암

섭섭하게 생각하는 한 아름의 세포를 꺾어
서운한 마음을 털어 내
혼불을 켭니다
자작나무처럼 자작자작 잘도 탑니다
어쩌면 사리보다 더 맑은
추억의 벽화를 그려냅니다
빨갛게 타는 저 그리움의 활화산
깊고 깊은
현의 울림입니다
G선상의 아리아보다
더 낮은
영혼의 동맥류

오월을 머리에 쓰고

사월이 가는 날
무심히 걷다가 문득 쳐다보는 눈에
은보라 구슬들이 조잘거린다
오월이구나
그래 너희들의 생일이구나
라일락 향내를 밑으며
교정을 거닐 때가 있었지
푸른 오월이 있었지
어느 영화처럼 거꾸로의 시계를 돌리면
그 또한 행복만은 아닐거야
웃고 울고
이렇게 아름다운 리듬을 연주하는 거야
솟적다 울음 우는 솟쩍새같이
아름다운 오월을 쓴다
리본 달린 모자를 쓰듯

땡볕 속으로 걸어 들어가

부여군청 앞

마래정에 누워

하늘을 본다

구름 한 점 뚝 떼어

바쁠 망

한가할 한

글자들을 써본다

매미들의 목소리가 쏟아진다

거대한 합창을 몰고

순식간에 나의 정적을 깨뜨린다

시원함에 목말라 우는 나

선화와 서동의 사랑에 시샘하는 너

목청을 돋워 선화공주 바람났다고 외치는 것 봐

진흙을 한없이 발로 거르며

맑고 고운 이슬 같은 저 고결한 자태로 꽃잎 틔우듯

세상의 사랑이

8월의 땡볕에 곱게 익길 기도한다

우리, 인연인 거죠

너의 오른손이
나의 왼손이
함께
매듭을 지을 수 있다면

쩍쩍 금이 간 논바닥에
내가 물이 된다면

도화지 한 장에
반쪽씩 그려서 그림을 완성할 수 있다면

눈길 걷다 보면 꽃길 열릴 거야

세밑 추위가 강도를 높인다
한 단계 두 단계
경보를 발행한다
내 뇌가
한 겹 또 한 겹, 옷을 챙긴다
화단에 눈 맞고 눈꽃으로 피어난 침엽수
더 아름답고 따스한 봄을 위한 전주곡을 울린다

이름 값 2

북한산자락 전통시장 뒷골목
작은 터 새로 지은 건물에
사주 작명소가 보란 듯이 반듯하게 붙었다
어릴 때 노란 손수건 접어 이름표 달았던 기억이 스친다
이름이 없는 것이 있을까
작은 풀포기의 예쁜 이름들
애기똥풀, 물봉선화, 문주란……
인디언의 이름처럼 향기로운소, 날센독수리
사물마다 붙여진 걸맞은 이름들
내 이름을 가만 생각해 본다
벌거숭이로 와 얻은 첫 선물이다
값없이 받은 이름이다
세상의 끝에서 더 불릴 이름
내 뜻과 상관없이 불리고 또 불리고
새로운 인연 만나면 언제나 새 이름으로 불린다
시간의 흐름에 먼지 쌓일 수 있는 그 이름 판
무명천 접어 닦으며 닦으며 윤을 낸다
욕들이 쌓이지 않게
사람값을 하는지 오늘도 천칭에 올라선다

시간

장미꽃 봉오리가 활짝 웃는다
재스민 꽃잎이 하얗게 현기증을 일으킨다
내 얼굴이 하회탈을 쓴다
해마다 엿가락 같은 숫자 하나 쌓는다

이삭줍기

목젖이 보챘어요
빨강
노랑
파랑 장난감 달라고
들판 여기저기서 주워
목젖에 꿴다
내년 봄
되새김질할 맛난 나물

칠월 보름 저녁 단상

무섭게 퍼부어대던 무더위가
여름내 앓던 병이 제법 나았는지 숙지막하다
긴 걸음을 한 해도 지쳐 자러 가고
자리를 바꾼 보름달이 창가에 와 살며시 웃는다
인기척에 자판에서 눈을 떼어 쳐다본다
언제 저렇게 커다랗게 자랐지
며칠 전 초저녁 옥천에서 볼 땐 어린아이였는데.
서둘러 달력을 본다
오호라 오늘이 보름이로구나
아우의 생일이 내일이구나
찌르레기 소리 유난하다
내 마음이 평온하다는 증거일 것이다
이렇게
여름은
올여름은
가겠구나
매미의 허물 같은 흔적을 남기고

시를 그리는 사람

길가에 핀 쑥갓 꽃의 노란 정겨움이
묻어나는 아침이다
오랫동안 잊었던 제비가
지하 주차장 입구 위에 집을 지어
오손거리더니
아직도 투실거리는 털로 걸음마 하며 날아가고
텅 빈 집을 쳐다보는 마음이 조울증처럼 쓸쓸하다
도심을 벗어난 조금 떨어진 이곳
농촌처럼 고즈넉하다
길목 사이 집의 행복함이 묻어난다
백구는 늘어지게 앉아 누군가 하고 귀를 세우고
하얀 토끼는 그 옛날과 변함없이 껑충이고
뒤란과 앞뜰에는 입맛을 돋우는 머구가 잎을 늘려가고
모두가 행복을 방울방울 물보라를 일으킨다
아 행복이 저런 것이구나
느끼는 것이 아닌 보이는 행복도 있는 것이구나
미소를 머금는다
소시지 한 개를 안기며 눈이라도 맞추어야겠다

뿌옇게 안개가 끼면 끼는 대로

햇살이 반짝이면 반짝이는 대로

사각지대의 아침은 편온하다

아직은 낯선 이곳

움츠리고 머리만 들여놓고 없다고 소리치던 유년의 어떤

날처럼

나를 가두고 싶지만

이젠

밀레의 그림같이

고갱의 걸작같이

아니

길가의 어저귀같이

그냥

그 자리에

있는

시를 그리는 사람이고 싶다

앗 뻘 사

괭이바람 손짓 따라
코끼리 등에 타고
남산을 오른다
내 님에게 별을 따
달라고 어리광을 부리며
하늘을 낚아채 본다
앗 뻘 사
빈털터리 까만 하늘
그 많은 별을 누가
땅으로 다 옮겼는가
무수한 별 밭이어라
연인이어라
위대한 연인이어라

가장 긴 시간 & 가장 짧은 시간

영혼을 붙잡으려는 안간힘
그 속내 타는 시간
옹골차게 똘똘 뭉쳐
무언의 눈이 내려 본다
째깍거리는 소리는 청력을 높여
천둥의 소리로 탈바꿈하고
처절한 기도는 온갖 신들을 불러내며
느리게 뭉기적거린다

약속의 시간이 비켜서며
온갖 잡상들이 들어 차
갈 길을 억류한다
아서라 아서라
되새김질 하며 목젖을 눌러댄다
변명의 구실 찾지 못해
이미 녹슬어 버린 양심은
커다란 풍선이 되어 회오리를 일으킨다

나래동산

수줍은 듯
가만가만 조용조용
꿈을 피우는 나래여
인공의 티 없이
땀과 정성으로 일구어 낸
무릉도원이여
환히 웃는 민들레
마주보며 우뚝 선 잣나무
함께 어울어진 무릉의 계곡
금낭화가 조로롱 웃고
매발톱이 푸른 하늘 향하고
하늘이 열리며 땅이 화답한다
환히 웃는 민들레
마주보며 우뚝 선 잣나무
어우러진 무릉의 계곡이여
의지하며
보듬으며
얕은 산도 넘고

세찬 강도 건너네

나래여

나래여

고운 나래여

아름다운 나래를 펴라

꿈

사랑

희망

포기포기 수놓으며

묵묵히

수채화 그리는

무명의 화가

평화의 동산지기

無에서 有를

당신의 작은 뜰
겨우내 얼었던 땅이
개구리의 팔짝이는 염통소리가
아련히 들리는 듯 해요
작은 새들이 지저귀고
나비들과 벌들이 놀러와
아름다운 꽃들과 엮을
대서사시의 서막을 읽을 수 있어요
저마다 옹기종기 보란듯이 수줍게 단장한
그 연극을 곧 볼 수 있을 거에요
객석의 박수소리가 이미 들리는 것 좀 보세요
신실하고 부지런한
동산지기를 선택하셨기에

으아리를 보면서

어머니 약손처럼

어려운 고비 함께 견디자며

덩굴 손 내밀어 이웃을 감동시키는 그 재주

줄기 도란도란 새싹 피워 올린 으아리

차마 그 흔한 꽃잎 하나 피우지 못한 채

성탄절 전야 양말 걸어놓고 잠든 아이마냥

받침대 사뿐 올려놓고 제 몫 기다리는 으아리

순결한 모습 깊은 감동에 취해

아호를 으아리라 칭해놓고

무던히도 닮으려 애쓴 내 친구

난데없이 무서리 일찍 뿌려져

흔적 없이 떠났지만

으아리에 깃든 혼 불은 살아

한 해 짧은 시간

차마 마감치 못하고

꿈의 씨앗 움터

새 순으로 다시 돋아라

새봄마다

"시를 그리는 사람" 붓을 놓으면서

저의

어설픈 그림을 묶어

조금은 더 삭막하고

조금은 빛이 더 필요한 곳에

걸어둡니다

밤중 마중 나온 아버지의 등불처럼

목로주점의 오 촉 전등처럼

그 옛날의 공부방 촛불처럼

그렇게 환하게 빛나길 소원합니다

꿈속의 아리아처럼

희망과 사랑이 늘 피어나길 기원합니다

꿈속의 아리아(가곡 시)

별이 꽃이 되는 날 발꿈치를 세우고 꿈을 꾸는 정원
미리내 설렘 나라/내가 꽃이 되고 꽃은 내가 되리라오
솔길에 춘원의 사랑이 피어나고 청마와 동행한다
알프스의 염소 떼와 꽃길을 거닐고 호수위에 백조가 된다
해를 품에 안는 날 발꿈치 세우고 꿈을 꾸는 정원
오즈나라 온 도로시 은 구두 신고 허수아비와 친구하네
구름조각 떠있고 해님은 나에게 방실방실
먼 나라의 양떼와 밀어를 나누는 푸른 초장 여왕이 된다
(후렴)
나는 꿈속을 난다 더 맑게 더 푸르게
세상 끝까지 부를 사랑의 아리아

2015년 섣달
미추홀에서 채린 쓰다